EST-CE
LA GUERRE

(Prose et Vers)

PAR

PITRE MERLAUD

NANTES

IMPRIMERIE NANTAISE ÉTIEMBRE ET PLÉDRAN

56 QUAI CASSARD, 5, PRÈS LE PONT D'ORLÉANS

—

1869

projette se dissimule sous des protestations pacifiques jusqu'au moment de l'exécution. Elle la trame et prépare ses plans en secret; elle la complote à la manière des mauvaises actions et des crimes qui n'osent s'avouer. Elle étouffe les plaintes le lendemain sous le bruit des armes... Premier triomphe, quoiqu'impuissant, de la raison publique et universelle.

Toutes les nations aspirent à la paix; il se sera rencontré un roi avide d'agrandissements, un ministre téméraire, et elles se voient condamnées peut-être à en venir aux mains. L'agitation perturbatrice de la Prusse va les conduire à une collision dont la portée est incalculable, tombeau de tant d'êtres humains, de tant de perspectives de prospérité, d'intérêts immenses engagés, et, sans doute, de leurs libertés.

Inutile de dire que nous n'apportons ici que des inductions et des conjectures. L'échange de déclarations amicales entre les souverains, entrecoupées de menaces couvertes, ne balance pas à nos yeux les symptômes contraires de fait, suivis et nombreux. Guerre sans cause, réprouvée par la conscience comme par les besoins d'ordre et de liberté des populations.

L'Europe est malade d'une intrigue ambitieuse. Elle tente de changer son assiette et de bouleverser les Etats. Elle n'a ni ténèbres, ni limites. Pour ses débuts, elle s'essaya sur un peuple faible, le Danemark. La réprobation générale ne l a contint pas. Le succès accrut son audace; elle prit des proportions nouvelles. Elle avait attiré l'Autriche au piége; elle se retourna contre elle. Longtemps préparée, elle la surprit et la réduisit. Elle a enchaîné dans ses nœuds un tiers de l'Allemagne, autrefois libre, aujourd'hui sujette. Les hommes qui la conduisent, fidèles à eux-mêmes, parlent de nationalité et de liberté, et subjuguent à leur pouvoir les peuples libres qu'ils peuvent atteindre; ils parlent de religion et d'honnêteté, et violent à la lumière du ciel la foi des traités; ils parlent de paix, et préparent la guerre sur des plans plus vastes, y ralliant toutes les ambitions, toutes les passions.

Elle est résolue, croyons-nous, contre la France, et non par

elle; concertée entre la Prusse, la Russie, les États du Sud allemand, l'Italie peut-être. Elle oublie des siècles de servitude étrangère et sa délivrance. Victor-Emmanuel paraît oublier lui-même le principe de son nouveau trône et celui des souverains auxquels il s'allie; il oublie le sort de Charles-Albert; il oublie la dynastie de Naples, plus intimement nouée que la sienne à ceux dont il demande le triomphe, le sort de Murat. Il oublie que le sien est lié à la France; que la paix, la paix avec l'Allemagne comme avec elle est sa première condition de sûreté et d'affermissement.

C'est le renouvellement du pacte occulte de 1840, avec des vues plus arrêtées et plus étendues. Le torysme anglais y participait à distance. Lord Derby reprenait le rôle de lord Castelreahg. L'isolement de l'Empire, l'impopularité de sa politique, la langueur de l'esprit public sont une tentation pour les ennemis. Le moment leur paraît propice et ils se flattent d'une courte campagne, s'il faut en croire les premières révélations de l'ex-*Moniteur officiel*. Les hommes d'État et les généraux prussiens excellent toujours de cette modestie qui illuminait leurs devanciers en 92.

La partie est grave, si la lutte s'engage dans ces conditions du dehors et du dedans. La liberté de tous les peuples n'y serait pas moins en question que la liberté et la dignité de la France. C'est à la France, initiatrice des révolutions qui ont changé les principes politiques dans tous les États, c'est à toutes ces révolutions que la guerre s'adresse, autant qu'à l'Empire. C'est la guerre du *droit historique,* du droit divin restauré. L'empereur de Russie vient de le proclamer à Varsovie, au lendemain des conciliabules de Berlin, avec une hauteur digne de son illustre père, le vaincu de Crimée. Ainsi s'explique l'étrange attitude des cours du Sud vis-à-vis la Prusse, la prompte méconnaissance de la défaite, de l'humiliation, de la capitulation impérieuse, de l'absorption d'un tiers de l'Allemagne, qui menace le reste. Tout est racheté par l'espoir de l'abolition du principe populaire. C'est la Sainte-Alliance nouvelle et le plan de retour à la Constitution et au droit public de 1815. Quel contrepoids, en effet, resterait à la toute-puissance et à la volonté des princes allemands et de la Russie, en cas de succès contre la France? La Démocratie germanique, en particulier, rentrerait de plain-pied dans la période d'asservissement, de persécution, de proscriptions, qu'elle reçut comme part de victoire en 1816. Nulle position, nul caractère indépendants n'y échapperaient. Bien aveugles les progressistes sincères, s'ils ne voient pas où les conduit, sous l'invocation spécieuse de nationalité et de liberté, cette rencontre armée entre eux et la France pressée par le ministre du roi Guillaume n'ose y faire avancer la Prusse seule. Elle ne marchera qu'avec une ceinture de souverains complices, de peuples trompés. C'est la ruse galvanisée et trempée d'audace.

M. de Bismark menace l'Allemagne de la France, la France de l'Allemagne. Il s'efforce de les mettre aux prises afin de pêcher la couronne germanique dans les eaux rouges des champs de batailles. Il accuse au-delà du Rhin l'ambition française et ses projets d'agrandissements, quand la trahison est à l'ordre du jour au sein même de l'Allemagne, pour servir les siens. Les ministres du duc de Bade, vassal de famille de la Prusse, se font ses pionniers; ils creusent la mine qui doit lui frayer les chemins des Etats du Sud; ils y enterrent la souveraineté et l'indépendance du duché et les libertés de son peuple. Bade, la ville célèbre de jeux, n'avait jamais été le théâtre d'une si rare partie. M. de Bismark, l'homme d'affaires entreprenant des spéculations de son maître, est un Benazet dont le nom va effacer l'autre. Il joue et gagne le duché même passé dans la corbeille de la Prusse.

Est-ce la France qui, par une agression longuement méditée, a surpris et frappé au cœur, il y a deux ans, quatre ou cinq Etats souverains, les antiques villes libres? Est-ce elle qui y a porté l'invasion et a soumis à la conquête le nord de l'Allemagne? L'intervention pacifique de la France y a seule dérobé le reste, par une paix subie et enfreinte. Est-ce elle dont les armées pèsent encore sur les portes de Munich et de Stuttgard, comme elles se sont ouvert celles de Dresde et de Hanovre? N'est-ce pas le roi Guillaume qui a enveloppé tout à coup l'Allemagne dans l'embrasement d'une guerre civile générale, où son armée faisait seule face à tous les Etats provoqués et à tous les droits? Il a emporté une riche proie de cet incendie, outre une maxime plus riche de promesses, gravée pour devise sur sa couronne : *la Force prime le droit!* Et c'est le lendemain de tels coups que M. de Bismark accuse l'ambition de la France devant l'Allemagne, et lui propose, pour s'en défendre, le protectorat de son roi. On ne vit jamais une pareille audace de langage après une telle audace d'action. Le caractère de la politique et du personnage s'y peint tont entier. C'est avec la loyauté de ce caractère et la moralité de ces éléments qu'il a ourdi une nouvelle guerre.

La Force, la guerre même ne sont pas le mal absolu. La Force est avec l'ordre le grand attribut de la nature ; l'une et l'autre forment la base des sociétés ; mais celles-ci sont la nature intelligente et consciente , et puisent en elles-mêmes un principe supérieur qui domine les autres : le Droit. La Force est un instrument bon ou mauvais selon qu'il s'exerce pour ou contre lui. La guerre, bien qu'elle soit dans ses formes l'horreur même de la barbarie, a frayé plus d'une fois les voies de la civilisation, du progrès. On peut croire que ce sont les armes plus que le cours spontané des choses qui ont amené les hommes, de l'état primitif d'isolement sauvage, à celui de tribus et de nations, avec mille abus cruels il est vrai. La guerre est un mal nécessaire quand elle s'attaque aux racines de maux dont la force seule peut avoir raison. Ainsi s'absout même la guerre civile, champ-clos de luttes plus douloureuses, plus inhumaines et souvent aveugles, mais plus élevées. Elles sont un acte de consciences libres, dans l'héroïsme de leur dévouement à la cause du droit, telle que l'a conçu leur intelligence.

Les guerres intérieures et extérieures de la Révolution ont été un puissant exemple de ces nécessités dans le droit.

Guillaume y a-t-il rien emprunté dans la guerre civile allemande que nous venons de rappeler ?

La révolution l'a précédé dans la formation de l'unité et de l'indépendance nationale d'un peuple. Elle a réuni en faisceau vingt provinces séparées par les origines, les mœurs, la religion, les lois civiles et politiques, sans autre lien que le despotisme qui les dominait. Leurs vœux appelaient ces changements, mais ils n'étaient pas unanimes. Elle était en face de grandes résistances.

L'Allemagne a aujourd'hui les mêmes aspirations et rencontre les mêmes obstacles. La révolution les a vaincus par l'ascendant du droit et par la puissance de la force. Le roi de Prusse veut-il parvenir au même but par les mêmes moyens ?

Elle a procédé par la reconnaissance de la souveraineté nationale, par la déclaration des droits, par la proclamation de la liliberté de conscience et des libertés politiques, par l'affranchissement de la terre et des hommes, par l'abolition des classes et des priviléges, par l'égalité des citoyens. Est-ce là le programme de M. le comte de Bismark et la constitution Germanique élaborée dans les conseils de paix ou de guerre du ministre et du souverain? Veulent-ils fonder sur ces hautes et légitimes bases la régénération et l'unité de l'Allemagne? Non. L'ambition et l'orgueil royal viennent détruire tout ce que l'exemple et le cours du siècle ont pu y introduire de ces grands principes; ils viennent tenter de raffermir et de restaurer l'ancienne société ébranlée; ils ont pour représentants leurs chambres de seigneurs, et leurs *Gazette de la Croix* pour organes. C'est la restauration plus compacte de cette société, sous son sceptre, que Guillaume de Hohenzollern presente, comme anneau d'alliance, d'unité et de liberté nationales, à toutes les nations germaniques ; elle que, de concert avec la Russie, il se prépare à leur imposer, s'il le faut, l'épée à la main ; c'est le despotisme prussien, rogue, dur, brutal, insultant, casque en tête et bâton à la main chez les subalternes, et au sommet la royauté prussienne absolue !

Nos prévisions de guerre sont-elles chimériques? Nous le désirons très-sincèrement, mais l'espérons peu. Dans tous les cas, les circonstances qui les suscitent nous mettent à couvert d'être taxés d'un esprit d'alarme. Il n'est pas dans notre caractère. Il n'est pas dans notre volonté de grossir, même d'une faible voix, ces bruits de guerre qui depuis deux ans font prequ'autant de mal qu'elle-même. Notre conviction d'un danger sérieux, formidable nous amène seule à le signaler. Nous n'en parlons qu'au dernier moment, presque à l'heure où l'évènement doit en décider. La confirmation ou le démenti prochain de cette crainte vont fixer l'anxieuse incertitude du pays. Le printemps est tantôt venu. Il est de règle que les armées ne se ruent les unes contre les autres qu'à la belle saison, sur les herbes vertes et sous le regard des plus beaux soleils. Si la guerre prédite si souvent, ajournée de période en période par la rumeur publique ne finit pas par éclater d'ici à deux mois, il n'y aura plus que faiblesse d'esprit à y croire. Les armements sont au complet, les dispositions sont prises, tout est prêt. Qui peut arrêter désormais les ambitions, les haines, le complot de guerre, s'il existe? L'incertitude est une souffrance pour tous les États. Elle ébranle les ressorts publics, elle appauvrit les nations, elle impopularise et affaiblit les gouvernements. Un intérêt impérieux les oblige à mettre au jour, sans plus de retard, leur dernière pensée ; et ils vont le faire. Donc si la guerre n'est pas déchaînée d'ici peu de temps, la paix doit être considérée comme définitive. Il restera sans doute des rivalités, des convoitises, des arrière-pensées ; mais leur impuissance sera reconnue par elles-mêmes. Les peuples pourront respirer, dans le travail et dans l'avenir des liberté dont la guerre est la seule menace effective. Toute autre pliera devant l'ascendant du progrès.

Les choses en sont-elles à ce point de sécurité? Nous exprimons l'opinion contraire. Une considération dominante se détache en relief frappant à nos yeux, parmi celles qui viennent de nous occuper ; c'est l'alliance intime , avérée , de la Prusse et de la Russie, ennemies naturelles. La Prusse agrandie inquiète l'autre , et la Russie inquiète la Prusse. Les nouvelles annexions prussiennes ont révolutionné leurs conditions ; les voici en antagonisme sur mer comme par leurs frontières. La Baltique est trop étroite pour les flottes germanique et russe ; l'une doit un jour céder devant l'autre. Si la Prusse l'emporte , Saint-Péterbourg n'existe plus comme capitale de l'Empire russe ; l'œuvre de Pierre-le-Grand est détruit. Il rentre à Moscou. Tel est le danger pour le czar. Celui de la Prusse , d'ailleurs antérieur et chronique, n'est pas moins flagrant : une population pullulente de soixante-dix millions d'hommes, dont moitié sauvage, pèse sur ses provinces. Elle est sous la main de l'empereur divin. Il peut la jeter tout entière sur elle, sur l'Europe, selon le mode tartare et mongol. Il l'y précipitera quelque jour. Comment donc expliquer l'affinité contre nature de ces deux puissances ? Elle ne peut avoir pour ciment que les pires desseins. Nous venons de les indiquer (1).

Napoléon a dit à Sainte-Hélène : « Avant cinquante ans , l'Europe sera République ou Cosaque. » Le mot pouvait être exagéré. Mais la direction adoptée par le roi Guillaume prouve qu'il se rallie à cet horoscope. Témoin du mouvement des esprits en Allemagne comme en d'autres pays, il a fait son choix et pris un parti. L'asservissement des peuples, le refoulement des institutions qui leur prêtent une demi-indépendance, est sa conclusion. On le voit à l'œuvre. Son mépris pour elles,

(1) Chaque jour dévoile le réseau d'hostilités dont ils ont su entourer la France. On vient de voir le ministère et le parlement belge s'enflammer sur un incident secondaire : un chemin de fer français et belge touchant à la Prusse. L'idée politique s'y cache, ce semble, sous l'intérêt commercial. Le peuple belge oublie, comme le peuple italien il ne voit plus qu'il appartient à la Hollande. Il y retournerait dès le lendemain de la défaite de la France : *dii avertint!* L'Empire solde de ces périls l'arriéré de liberté qu'il a laissés s'accumuler. Il pouvait être le régulateur de l'Europe par elles. Les roi Guillaume , les empereur Alexandre s'inclineraient maintenant devant lui.

en Prusse même, est un premier acte. L'union avec la Russie fera le reste. L'établissement d'un second czarisme à Berlin donnera la main à celui de Saint-Pétersbourg et Moscou. La chaîne sera solidement rivée. Le gage secret de l'alliance, modeste comme l'ambition des hauts personnages, est peut-être de compte à demi le partage du monde, empire d'Orient jusqu'aux Indes, empire d'Occident jusqu'à Gibraltar. M. de Bismark peut-il vouloir moins? Il a interrogé les astres; la veillée de Sadowa lui a répondu que les conjonctions étaient favorables; il est entraîné à la gloire par une étoile de première grandeur. Il suit la marche de cette étoile et évoque à elle tous les peuples. N'a-t-il pas mis dernièrement les races helléniques sous le patronage du roi Guillaume, à titre sans doute de consanguinité et de voisinage? N'a-t-il pas mis la main, dit-on, à la révolution espagnole, cet ennemi de la royauté absolue, républicain dissimulé? Certes, ce n'est pas au libéralisme de l'en accuser; mais on trouve partout et dans tous les camps cette main remuante, si elle trouve un brandon à allumer et des complications à poursuivre.

N'a-t-il pas jugé que la Hollande était à la Prusse? Ne prouvera-t-il pas demain que les Alpes Rhéthiques, que l'Italie longtemps Allemande, Normande doivent lui revenir de droit historique. Enivré d'un succès immense et inattendu, emprunté à un armurier d'arsenal, il agite l'Europe d'intrigues continues. Il prétend à être Richelieu et n'arrivera qu'à l'Alberoni. C'est la même fièvre, les mêmes projets demesurés, le même bruit et le même succès d'opinion, jusqu'aux jours de l'avortement (1).

(1) La dignité du chancelier-comte s'accommode de même de tous les moyens. Il expédiait une centaine de canons rayés prussiens en Roumanie, il y a un mois, par transit de chemins de fer autrichiens, sous le titre d'instruments agricoles. Aujourd'hui, il confisque les propriétés du prince de Hesse, parce que ses trésors s'emploient, dit-il, à nourrir l'hostilité de l'Allemagne contre la France. Quels trésors de paroles, ouvertes ou couvertes, ne dépense-t-il pas chaque jour lui-même dans ce but, depuis deux ans? Quelle bouffonnerie diplomatique! Espère-t-il endormir jus-

Toutefois, le premier choc sera rude pour la France, si l'explosion vient à éclater dans les proportions qui nous préoccupent. On ne peut y méconnaître l'approche du danger le plus sérieux. La confiance qu'on attribue aux coalisés se fonderait sans doute sur la supériorité numérique de leurs armées et de réserves inépuisables, sur les voies rapides pour les amasser et les faire mouvoir sur tous les points de nos frontières, du Nord au Midi; peut-être sur l'effet militaire, et surtout moral, d'échappées hardies, à la manière de Sherman en Amérique, dans l'intérieur même du pays, au cœur de nos populations sans armes et de nombreuses cités notables sans défense. Ils comptent avoir ainsi raison de l'armée française, supérieure aux leurs en bravoure et en aptitudes, soit par l'épuisement d'une lutte acharnée, soit en la contraignant à se retourner, à rompre sa ligne, à ouvrir des brèches dans le vaste front de territoire qu'elle doit protéger. La garde mobile y pourvoirait à demi et elle n'est pas prête (1).

qu'au bout le gouvernement français par ces contes bleus? Il avait probablement en poche le futur projet de loi du ministère belge quand il prononçait ce discours aimable. Tantôt de pareilles chateries, tantôt des provocations impertinentes. La France laissera passer. Elle ne sera pas entraînée à la lourde responsabilité de la guerre, et déjouera des visées transparentes. Qu'elle arme et dise aux matamores : *à vous les premiers !*

(1) On parle de l'armer de fusils de l'ancien modèle. Nous y croyons peu. Ce serait presque un désarmement. Quelle figure attendre de corps naissants et en formation, ignorants de leurs officiers et inconnus d'eux, dépourvus des habitudes et du lien de la discipline, et peut-être sans artillerie, devant l'ennemi dont le fusil leur enverrait cinq balles pour une? Epreuve surhumaine ! Le moral le plus ferme la soutiendrait-il ? Nous en doutons ; nous doutons qu'une troupe recrutée des héros de tous les temps, des Jean-Bart et des d'Assas, des Beaurepaire et des Latour-d'Auvergne, des Murat et des Lamoricière y pût tenir longtemps. Le ministre de la guerre ne peut donner que ce qu'il a, cela se comprend. Mais il nous semble qu'à tout prix il faudrait répartir une certaine proportion de nouvelles armes avec les anciennes. Distribuées aux plus dévoués et aux plus habiles, gardes mobiles ou volontaires, leur concours serait efficace sur le moral et l'action du reste, comme sur l'ennemi.

La France ne saurait détourner un pareil danger en le renvoyant à la Prusse. Son territoire est défendu par la population armée ; elle suspendrait du moins la marche qu'elle ne pourrait seule arrêter. Elle est une armée défensive qui manque à la France. On le sentira trop peut-être. Avec cette réserve puissante et Paris place de guerre, l'Europe nous saurait invulnérables à l'invasion. Mais le pays a été d'accord avec le pouvoir pour supprimer ce bouclier. L'institution de la Garde nationale était impopulaire dans les classes aisées et prépondérantes. Quelques jours annuels de rassemblement leur étaient pesants et odieux. Leurs vœux ont été exaucés. Elles sont libérées de cette charge.

La générosité du pouvoir a pris à la sienne le soin de leur sécurité extérieure et intérieure. En revanche, qu'ils paient sans murmures les frais d'une guerre que la présence d'une armée civique eut presque certainement prévenue. Des flots de sang et d'or vont peut-être devenir le prix de l'imprévoyance et punir l'inertie du patriotisme. La responsabilité, cette loi de justice générale, veut que les gouvernements et les nations paient chèrement leurs fautes. L'histroire l'enseigne à toutes les pages, trop peu écoutée.

Nous venons d'interpréter les vues de l'enuemi sans nulle compétence militaire ; nous parlons sans autorité, sur les suggestions du simple bon sens, et abandonnons humblement l'appréciation à de plus habiles. Nous pouvons sûrement nous tromper. Mais il est un point sur lequel notre jugement ne fléchirait devant nul antre. C'est qu'en cas de guerre, il ne suffira pas d'une armée nombreuse et du patriotisme de ses chefs pour être à la hauteur du péril ; il y faut un peuple ; il y faut la France sous les armes, combattant de cœur pour elle-même, c'est-à-dire pour les libertés, sans lesquelles il est un Etat ; mais il n'existe pas de patrie. Napoléon est tombé faute de ce concours, malgré le génie et l'héroïsme de la défense. L'expérience est assez chère pour s'en souvenir. Le second empire se souviendra des jours de désastres, des angoisses de Fontainebleau , du supplice de l'orphelin de Shœnbrunn , des instructions et des regrets de Sainte-Hélène. Il n'en veut pas la récidive. Il ne craindra pas les libertés publiques plus que l'ennemi, s'il y faut marcher.

C'est mon métier à moi d'être roi, dit Frédéric II, aux premiers mouvements de la Révolution Française. Blessé par elle, atteint, réduit dans les droits de la royauté, Guillaume médite de la ressaisir toute entière ; nous venons de dire sur quels plans. Il répète la parole du maître. Mais elle aura un contre-écho. Les nations Germaniques se diront sans doute que leur métier à elles est de se maintenir libres, et ne pas laisser un seul jour un autre espérance aux représentants de leurs vieilles royautés et de leurs vieilles aristocraties. Elles ne sont que trop meutries encore dans ce temps sous le poids de ce qui en reste.

La révolution d'un côté , la science de l'autre, ont modifié profondément les conditions de la paix et de la guerre. La science des peuples civilisés a créé des sources de production et des moyens de relations inconnus jusqu'ici. La paix est devenue plus féconde, plus douce et plus chère aux peuples ; ils n'ont plus besoin de vivre de proie et d'en être une les uns pour les autres, comme aux époques de barbarie, de stérilité. Leurs bras y suffisent, aidés par les puissants concours de l'intelligence. La gloire des armes a perdu ses éblouissements. Elle ne les touche plus que pour la défense de la justice, de la liberté de la patrie, exceptions rares dans les causes de la guerre. L'impopularité poursuit de nos jours les gouvernements qui lèvent les armées et les y traînent sans nécessité. Une raison nouvelle apparaît et vient accroître cette résistance. La science dément sa mission, si utilement remplie jusqu'ici, de s'assimiler la nature et d'en soumettre les forces à l'action du bien. Elle se met au service du mal. Elle est devenue l'instrument de dévastation et de destruction le plus formidable. Les angins nouveaux qu'elle leur prête fondent sur deux armées en présence comme un cataclysme.

En quelques combats, grâce à elle , une population robuste et vivace, égale à celle d'une ville, d'une province, tombe engloutie dans une mer de sang. Ainsi se corrompent les dons naturels. L'intelligence et la vigueur qu'ont reçu les hommes pour la fécondité du travail et le bien être de la vie deviennent un fléau de l'humanité. Mais ces déviations auront un terme prochain ; on peut l'entrevoir, même à la veille de grandes batailles. Les excès de l'art de la guerre amèneront d'autant plus vite l'abolition de ce droit de guerre monstrueux. Le soldat étranger et le chef qui franchiront une frontière tomberont sous le coup des lois du pays et de l'arrêt de tous les peuples, comme des meurtriers. Le droit des gens les leur livrera. Utopie, dira-t-on ! Non. Cette cause gagne chaque jour dans la raison publique. Sa loi est mûre ; elle peut être promulguée plus tôt qu'on ne pense. Elle a un auxiliaire latent, effacée, mais tenace et sûr, l'impôt militaire.

L'impôt est la robe de Nessus attachée à cet Hercule qui s'appelle la Guerre. Il n'y a plus de monstres à abattre, si ce n'est lui-même. (Il en reste deux : le Czarisme en Pologne ; le Jésuitisme partout. Qui donc lui livre l'âme des femmes et de la jeunesse? Il disparaîtra d'un souffle en un jour de raison et de volonté.) La guerre est encore de notre temps le lion de Némée et le Minotaure qui se gorgent du sang de victimes. La distance de lieux et de temps en dérobe la vue et le souvenir. L'impôt ne se laisse pas oublier. Chaque jour il demande au faible et au pauvre le tribut de ses sueurs, le prix de son pain ; chaque année il arrache aux nations la moitié des dons de leur épargne. Le militarisme est une menace permanente pour leurs libertés ; il entrave leur bien-être en stérilisant une part de leurs forces. Le patriotisme murmure, même dans les rangs d'hommes attachés ou associés aux gouvernements. Quelques nations s'en sont délivrées (la Suisse, les États-Unis) ; elles y ont gagné en sève virile, en activité, en développements, en puissance morale et en dignité, tout ce qu'elles ont ôté à cette vitalité factice, à la servitude d'une élite des populations qui tarit leurs sources, et dont l'oisiveté coûteuse les corrompt, les énerve et les ruine. La force défensive de ces nations est en elles-mêmes et non à côté d'elles ; dans le cœur et les bras de tous et non d'une minorité privilégiée, brave, mais isolée par les devoirs, par l'éducation, et souvent par les sentiments comme par les dehors et les habitudes.

C'est qu'en outre, si la guerre est odieuse aux peuples elle n'est pas moins redoutable aux gouvernements. Elle fut, dans le passé, une espèce de plaisir de prince. On perdait une bataille, une province à cet exercice ; chagrin d'amour-propre ! On espérait être heureux plus tard. La Révolution est venue ; d'autres mœurs se sont emparé, avec son esprit, des champs de bataille. La Courtoisie en a disparu : les rois en présence y ont pris un front hérissé et farouche en ennemis inexorables. Les Dynasties se canonnent avec leurs armées, et brûlent de s'atteindre. Plus d'une royauté y est foudroyée, ancienne ou nouvelle. Le siècle en a eu de fréquents exemples. L'antiquité de race, jadis honorée comme un culte, est un préjugé qui n'ont plus ceux même qui tentent de s'en prévaloir. On a vu Guillaume Ier, il y a deux ans, marcher sans merci, par Vienne et par la Hongrie, à la dissolution de l'empire des Habsbourg, ses anciens souverains, sans plus de scrupule que le fils de Méhémet-Ali, après une victoire, s'avançant jadis contre le sultan sur Constantinople. Les princes se traitent de Turc à Maure. La guerre a repris le cours implacable qu'elle avait dans les temps anciens, et dont les victimes semblaient poursuivies par une loi divine la : fatalité. La fatalité de nos jours, c'est l'ambition sans respect des droits. L'esclavage n'atteint plus les rois ; mais l'exil errant, l'abandon, l'oubli au dehors, le souvenir cuisant au dedans, la vie obscure ou avanturière ne paraissent pas moins misérables. Ces retours du sort sont de nature à rappeler à eux-mêmes ceux que la guerre tente. Ils jouent une partie où les chances d'un gain souvent superflu ou stérile, ne couvrent pas celles d'une ruine effective, peut-être imminente. Il y a, certes. de quoi en dissiper la fascination et leur faire tomber des mains les cartes où se tient un pareil enjeu. En toutes choses sérieuses, le moment des résolutions, la dernière heure est une crise. Elle amène parfois des retours soudains et extrêmes. La paix peut encore en sortir ici.

Quelle serait l'occasion de guerre? question oiseuse; qui voudra la faire la fera. Le premier coup de canon ne manquera ni d'un argument, ni d'un coin de terre.

Des rumeurs belliqueuses troublent depuis deux ans la France et l'Allemagne. Elles courent sans trève sur les eaux du fleuve qui les borde et sur ses montagnes. M. de Bismark peuple les villes, les champs et les forêts de clairons qui y entretiennent la chanson du Rhin allemand. De notre rive, outre quelques échos peu écoutés, un publiciste célèbre lui répond. M. de Girardin a repris la vieille ronde des frontières du Rhin; il l'a mène avec son entrain sans pareil, mais très-peu de mains vont s'y réunir. C'est qu'on parle pour la France sans elle. Son territoire est assez vaste, son peuple assez nombreux, son sol assez riche, son ciel assez beau pour qu'elle n'ait rien à envier ni à demander hors de ses frontières. L'ambition seule de la Prusse n'en connaît aujourd'hui aucune. Les actes accomplis par la violence, la maxime prussienne *la force prime le droit*, les tendances ouvertes le disent assez haut.

La France et l'Allemagne se sont assez souvent rencontrées dans la guerre. Le temps est venu pour elles de ne se toucher que par une civilisation commune et une sympathie réciproque comme par leurs frontières; par la rivalité vivifiante des lettres, des arts et de l'industrie; par les libertés solidaires qui ne permettront plus aux ambitions de les diviser. Les deux nations ne peuvent vouloir, ne veulent rien de plus.

M. de Bismark organise, en pleine paix des intérêts et de la disposition des esprits, le conflit le plus sanglant dont le siècle ait été témoin. La souveraineté de la justice, de la vérité, du progrès, de la conscience publique, de celle de l'avenir et de

l'histoire lui est étrangère La souveraineté du but est sa loi
moiale. Le but est la conquête de l'Allemagne sous prétexte
de la reconstruire. La guerre directe contre elle dans sa
campagne de Sadowa n'a obtenu qu'un demi-succes. Il en demande le couronnement à la guerre étrangère. M. de Bismark
n'est pas Allemand; il est Prussien. Le mouvement des armes
est l'instrument nécessaire des usurpations. Il y appelle à lui les
nations germaniques elles mêmes Se livreront-elles ? Quelle
joie a l'astuce d'obtenir pour auxiliaires ceux dont elle dévore
d'avance les dépouilles ! L'Allemagne a besoin d'un 89 contre
des aristocraties dominatrices , et elle y aspire. Elle n'a pas
besoin d'un Leipsig contre l'ennemi extérieur absent. L'arbre
vénimeux ne porte que des fruits meurtriers ; ce n'est pas le
matérialisme de la force hautement professé et exercé par le
gouvernement prussien qui conduira les nations germaines à
la terre élevée du droit, du respect, de l'union, des travaux de
la paix, de la liberté fraternelle. Elles n'auront de lui que
l'asservissement, le trouble, la discorde en elles-mêmes et
avec les nations voisines.

Cependant qu'en arrivera t-il? Nul ne le sait. Les perspectives sont menaçantes. Nous y voyons les préliminaires d'une
grande guerre, et la France en est l'objectif. Nous ajoutons
aux considérations qui le prouvent, selon nous, quelques vers
d'appel à la solidarité des peuples et au devoir envers la liberté
et la patrie.

Nous nous sommes imposé la tâche d'abdiquer ici tout
esprit de parti, en lui substituant l'esprit de la patrie. C'est la
loi commune supérieure, dans les circonstances que nous
redoutons

Cette courte publication terminé par un hommage aussi
en vers aux bienfaits et aux honneurs de la paix.

Angers 27 février 1869.

1078 — *Imp Nantaise Etiembre et Pledran, quai Cassard,* 5 — 69